EXTRAIT DE LA *REVUE DES LANGUES ROMANES*

LA VIGNE ET LE VIN

CHEZ LES SÉMITES

ET LES ARIENS PRIMITIFS

ESSAI D'APPLICATION

DES TRAVAUX PHILOLOGIQUES CONTEMPORAINS

A UNE QUESTION D'ŒNOLOGIE HISTORIQUE

PAR M. PAUL GLAIZE

MONTPELLIER

IMPRIMERIE TYPOGRAPHIQUE DE GRAS

M DCCC LXX

EXTRAIT DE LA *REVUE DES LANGUES ROMANES*

LA VIGNE ET LE VIN

CHEZ LES SÉMITES

ET LES ARIENS PRIMITIFS

ESSAI D'APPLICATION

DES TRAVAUX PHILOLOGIQUES CONTEMPORAINS

À UNE QUESTION D'ŒNOLOGIE HISTORIQUE

V

PAR M. PAUL GLAIZE

MONTPELLIER

IMPRIMERIE TYPOGRAPHIQUE DE GRAS

M DCCC LXX

@

LA VIGNE ET LE VIN

CHEZ LES SÉMITES ET LES ARIENS PRIMITIFS

I

La science positive du langage date d'hier, et ses premiers pas ont déjà ébranlé et transformé, à certains égards, la philosophie de l'histoire : d'une part, la philologie générale a renouvelé la grande et obscure question des origines de l'humanité ; de l'autre, elle a perfectionné, pour ainsi dire, le génie des nuances et la délicatesse des affirmations dans la littérature et dans la science contemporaine. On peut affirmer qu'il n'est pas aujourd'hui de branche du savoir humain qui ne puisse trouver dans la linguistique un secours inattendu. L'économie politique y découvre une étonnante justification de la vraie théorie de la monnaie, en étudiant la fonction de la valeur du bétail telle que nous la fournissent les premiers vocables ariens et sanscrits. L'œnologie peut, elle aussi, essayer de percer et d'éclairer, dans une certaine mesure et sous toutes les réserves que nous sommes prêt à admettre d'avance, la nuit profonde qui recouvre les origines de la culture de la vigne et de la fabrication du vin.

On sait que la plus importante et en même temps la plus sûre des découvertes de la philologie générale, c'est la constatation de deux grandes familles de langues, rapprochées par un trait commun capital, l'emploi des flexions ; distinguées d'ailleurs par une conception et une constitution des formes

grammaticales très-différentes et par un lexique, une terminologie, un ensemble de racines parfaitement distincts.

Ces deux groupes constituent ce qu'on appelle la famille
des langues ariennes et la famille des langues sémitiques.

Une idée fort vague encore de Leibnitz, une série d'obser-
vations qui révèlent une ingénieuse et profonde perspicacité
chez un jésuite espagnol trop peu connu, Hervas, étaient
restées stériles jusqu'à la découverte de l'antique littérature
des Hindous : c'est sous l'influence de l'étude du sanscrit et de
ses riches monuments que commencèrent les admirables recherches qui sont un titre d'honneur pour notre siècle, et
qui ont fait de l'analyse des langues ariennes une conquête
aussi incontestable que féconde.

Les résultats des grands travaux des Schlegel, des Bopp, des
Grimm, continués par MM. Kuhn, Pott, Lassen, Max Müller,
Oppert, et tant d'autres, peuvent être résumés aussi brève-
ment que possible de la manière suivante : les divers peuples
qui habitent l'Europe et la Caucasie — les Hongrois, les Fin-
landais, les Basques et les Turcs, étant toutefois exceptés —
parlent des langues qui ont toutes une origine identique, origine qui leur est commune avec les Hindous du brahmanisme
et les anciens Persans. On a pu retrouver, grâce au pré-
cieux secours qu'offrait un recueil d'hymnes sacrés contemporains de la Genèse, le *Rig-Véda,* le nom primitif qu'a porté le
peuple parlant la langue mère. La race qui nous a légué, à
travers des émigrations et des transformations quarante fois
séculaires, sa grammaire et sa terminologie, se donnait elle-
même le nom d'*Arya,* Ariens, et ce nom national laisse encore
des traces plus ou moins effacées, mais reconnaissables, sur
une ligne immense qui s'étend de l'Oxus à l'Irlande.

A côté de ce groupe qui parle les langues sanscrites, ira-
niennes, grecque, latine, néo-latines, germaines, celtiques,
slaves, etc., on a constaté la présence d'une autre famille plus
nettement caractérisée encore. S. Jérôme a indiqué son existence ; Eichorn a eu l'honneur de lui donner le nom de *sémitique.* L'hébreu, l'arabe, l'araméen, le chaldéen, le syriaque,

le ghéz ou antique abyssin, l'assyrien de Babylone et de Ni-
nive, présentent une grammaire et un fond de racines iden-
tiques pour ainsi dire. La langue hébraïque joue dans ce groupe
le rôle capital que tient le sanscrit dans la famille indo-européenne; c'est en hébreu que sont écrits les documents sémitiques les plus anciens, et de beaucoup les plus importants et
les plus riches.

Il est facile de reconnaître que ces deux groupes des langues sémitiques et ariennes représentent parfaitement, à partir de la plus haute antiquité, ce qu'on est convenu d'appe-
ler le monde civilisé proprement dit, en laissant en dehors
de leur action et de leur empire le monde chinois et tartare
d'un côté, et de l'autre l'Égypte et certaines sociétés infé-
rieures, *Chamites, Couschites,* etc. Les origines de notre civilisation occidentale, les phénomènes qui constituent ou ac-
compagnent ses développements successifs, ne doivent donc
être recherchés et étudiés, au point de vue philologique,
que dans le sein de ces deux grandes et nobles familles, les
Sémites et les Ariens.

Dans la famille sémitique, la parenté est si étroite, si appa-
rente, l'unité fondamentale des formes grammaticales et des
racines primitives est si nette, que la plupart des rappro-
chements légitimes à tenter entre l'arabe, l'hébreu, les langues araméennes et, en dernier lieu, l'assyrien de Babylone,
dès qu'il a pu être sérieusement étudié, se sont opérés avec la
plus grande simplicité. On a pu dire, avec une très-rigoureuse
exactitude, que les langues sémitiques ont eu dans l'histoire
de la science philologique « *cette singulière destinée, que d'un
côté, à une époque fort ancienne, elles ont suggéré la méthode
comparative aux savants qui les cultivaient, et que d'un autre
côté, lorsque cette méthode est devenue un puissant instrument de
découverte, elles sont entrées pour peu de chose dans le mouve-
ment nouveau qui allait régénérer la linguistique* [1]. »

---

[1] Renan, *Histoire générale et système comparé des langues sémitiques,*
préf., XI.

Le même point de vue et la même direction appliqués aux langues ariennes, si diverses et douées d'un génie de transformation et de *reviviscence,* pour ainsi dire, autrement puissant et souple, ont créé la plus ingénieuse des méthodes et donné les plus féconds résultats. Un des représentants les plus hardis de la philologie comparée a caractérisé d'une façon très-juste un des plus fertiles aspects de cette méthode, en intitulant son grand ouvrage : *Paléontologie linguistique* [1]. Il s'agit, en effet, de retrouver un idiome perdu depuis quatre ou cinq mille ans; il faut refaire, sans le secours de monuments écrits, dans ses grandes lignes, dans ses racines et ses vocables principaux, cette langue mère perdue dans une prodigieuse antiquité. Mais aussi ces mots primitifs retrouvés, reconstitués, comme le fémur ou les vertèbres d'un carnassier des époques primitives, jettent-ils un jour nouveau sur l'histoire, ou pour mieux dire sur cette nuit des temps à l'entrée de laquelle toute investigation et toute recherche paraissaient d'abord inutiles! C'est avec ces instruments puissants, mais non moins difficiles à manier, que la philologie comparée n'a pas craint d'aborder les problèmes les plus ardus et en apparence les plus insolubles. Nous savons aujourd'hui quels étaient les animaux domestiques entourant les bergers et les laboureurs qui, il y a cinq mille ans, sur le plateau de Hindou-Koush, parlaient déjà la langue qui devait nous léguer ses éléments terminologiques et grammaticaux; nous connaissons les plantes, les métaux dont ils faisaient usage. Nous avons, par exemple, de fort probantes raisons de penser qu'ils ne savaient pas encore compter jusqu'à mille; il ne nous est guère permis de douter de leur ferme et solide croyance en une vie future, etc., etc.

Lorsqu'on a comparé les vocables d'une même signification dans les diverses langues du groupe arien, il reste à rapprocher ce premier résultat des racines sémitiques qui expriment la même idée et représentent un objet ou une action

---

[1] Pictet, *les Origines indo-européennes ou les Ayras primitifs, essai de paléontologie linguistique.*

analogues. Généralement, nous l'avons déjà dit, les racines
ariennes indo-européennes sont parfaitement distinctes des
mots primitifs sémitiques; mais cette règle n'est pas tout à fait
absolue[1], et en tout cas, pour étudier les rapports et l'action
réciproque des deux races mères et de leurs principaux représentants, l'histoire des temps primitifs ne peut trouver de
procédé d'investigation plus actif et plus puissant. Par la
comparaison des éléments radicaux des deux idiomes, la philologie comparée fait reculer, pour ainsi dire, les bornes de
l'inconnu, et elle parvient à résoudre, par delà les monuments
écrits et les traditions antiques, certaines questions d'origine
et de rapports historiques qui ne peuvent être abordés que de
ce côté et sous cet aspect.

On a maintenant une idée suffisante des procédés que les der-
nières études philologiques permettent d'appliquer à la connaissance primitive de la vigne et à l'usage primodial du vin.
Nous n'avons nul besoin d'insister sur les réserves qu'impli-
que l'emploi d'une analyse et d'une méthode aussi délicates
à manier, au milieu de chances si multipliées d'ignorance et
d'erreur.

II

L'étude des langues mères de notre civilisation occidentale
nous amenant à constater, à une époque qui remonte à cinq ou
six mille ans, l'existence de deux foyers distincts de création
grammaticale et terminologique, et par conséquent de deux
centres sociaux parfaitement différents et irréductibles au

---

[1] Il n'est pas permis de méconnaître entre les Sémites et les Ariens
une certaine fraternité d'origine. M. Rénan l'a très-finement caractérisée
en l'appelant *antégrammaticale* (*loc. cit.*, L. v, ch. ii, 51,); Schlegel
Bopp, W. de Humboldt, Eugène Burnouf, MM. Ewald, Bunsen, Lassen,
Benfey, etc., etc., arrivent à des conclusions analogues; mais il n'est pas
douteux qu'il y ait eu chez les Sémites et les Ariens deux centres de formation grammaticale, syntaxique, et d'élaboration de racines et de vocables,
essentiellement différents, quoique probablement très-voisins.

point de vue de la linguistique générale[1], nous pouvons poser,
pour ce qui concerne la connaissance de la vigne et l'emploi
du vin chez ces races originaires, deux questions capitales
d'un haut intérêt historique :

1° La vigne a-t-elle été connue et nommée *séparément* par
les deux groupes, ou bien son usage et ses noms sont-ils passés
d'une race à l'autre?

2° La fabrication du vin a-t-elle été à la fois découverte et
généralement appliquée dans les deux centres à la fois? Et, si
la réponse doit être négative, est-ce aux Ariens ou aux Sémites qu'il faut en attribuer l'invention?

III

Nous n'hésitons pas à affirmer que la vigne a été connue à la
fois, très-distinctement, à l'origine des deux centres primitifs,
arien et sémitique. La démonstration en est facile et la raison
péremptoire : la terminologie arienne et celle des Sémites sont
absolument différentes pour tout ce qui concerne les noms de
la vigne, du cep, du raisin, etc. Une courte analyse suffit pour
mettre en relief un fait qui ne saurait être contesté.

Dans les langues sémitiques, le nom principal de la vigne est
représenté par l'hébraïque גֶּפֶן, GEPHEN[2]. L'origine du mot
n'est pas douteuse : elle se trouve dans la racine primitive,
inusitée d'ailleurs, גבן, GABAN, se plier, se courber, *curvus,
inflexus*. Gesenius donne au mot *gephen* le sens général de
plante à rameaux pliants[3]; c'est là un nom générique spécia-

---

[1] Le problème d'origine proprement dite est formellement réservé par
la plupart des grands philologues que nous avons cités.

[2] La fonction précise, arrêtée, parfaitement nette, de la voyelle telle que
l'ont comprise nos alphabets modernes, est étrangère aux Sémites ; elle
exercerait même, par son application rigoureuse, une vraie perturbation
dans leur langage. L'écriture ne donne en quelque sorte que le squelette
du mot : ABRAHAM est identique à IBRAHIM, YOUSOUPH à JOSEPH, etc.

[3] Gesenius : au mot גפן. — Edition Drach, publiée par Migne, p. 120
ancienne pagination indiquée 220-b.

lisé dès une haute antiquité. Dans la Genèse déjà, *gephen* a
le sens propre de vigne. Ce mot se retrouve en arabe, dans
les langues araméennes, etc.

Dans les langues ariennes, la vigne a des noms divers, mais
qui ne présentent aucune sorte d'analogie avec le radical *geph*
ou *gab*. Le plus ancien de ces noms paraît se rattacher à la
racine VE ou VET, *texere*, que nous retrouvons dans l'ancien
italo-latin *vieo* et dans *vimen*, tige flexible. *Vet* ou *vit* a dû si-
gnifier à l'origine plante souple et grimpante. C'est une idée
parfaitement analogue à celle qui est exprimée par *gephen*
dans les langues sémitiques, mais les racines sont irréductibles
et distinctes. Il est curieux, d'ailleurs, de suivre le radical
arien dans ses pérégrinations historiques postérieures : il a
été, en effet, appliqué à des plantes bien différentes. Ce *vet*
ou *vat* primitif[1] donne en sanscrit *vitâ*, branche ; en gothique,
vitân. On le reconnaît dans les langues slaves et lithuaniennes.
— Dans l'Inde, il s'applique spécialement au bétel, *viti ;* en
Grèce, au saule, ἰτέα ; chez les Latins, à la vigne, *vitis*. Spiegel
l'a retrouvé dans le zend bactrien, *vaeti,* en pelvhi *vit,* dans le
même sens que dans la langue latine.

En somme, on constate pour le nom de la vigne une formation du mot primitif à laquelle président deux conceptions
analogues, mais deux racines parfaitement dissemblables dans
les deux groupes.

En hébreu, en arabe, en ghèz (éthiopien), etc., l'idée de la
grappe de raisin est exprimée par le mot אשכל, ASHKoL (la
forme éthiopienne est *ashkal*)[2]. *Ashkol* exprime comme *ge-*
phen une idée générique, celle de baie, *bacca*, et son emploi a
été spécialisé dans le sens de grappe de raisin. — Les langues
sémitiques ont deux autres expressions qui se rapportent au
raisin : le mot עבב, ABαB, dont la racine essentiellement chal-
déenne signifie accumulation, réunion, et plus spécialement

---

[1] Pictet explique le *t* cérébral par une altération de la forme primitive
vrt avec vocalisation

[2] Gesenius, édition Drach-Migne.

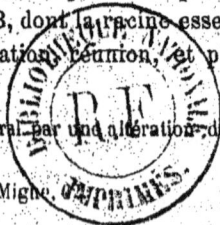

fruit[1], — et רצן[2], ERTSAN ou ARTSAN, au sens propre, pepin
de raisin. La racine se retrouve en arabe avec une transpo-
sition de lettres ; elle signifie douleur, grincement de dents.
Artsan se dit spécialement de raisins acides. On l'oppose, dans
un sens plus strict encore, à זג, ZAG, pellicule du raisin.

Ces diverses racines n'offrent aucune ressemblance avec les
vocables ariens qui correspondent à la même signification.
L'idée mère qui a présidé à la formation du mot est différente.
Presque tous les noms du raisin, dans les langues indo-européennes, peuvent être rapportés à trois racines ariennes : RAS,
RAG, RAK ; désirer, goûter, couler, être fluide. Nous nous
bornerons à citer le védique *rasá, rasald*, le fruit succulent ; le
sanscrit *rasitá*, vin ; le persan *ras, risi*, raisin ; le grec ῥάξ, d'où
ῥωξ, et le latin *racemus* [3].

On peut ajouter l'armoricain *raesin*, le kymrique *rhisyn*,
mais ils sont peut être venus du français ainsi que les expressions anglaises et germaniques.

Le cep, dans les langues sémitiques, גפן, AA[4], ne présente
aucun point de commun avec les expressions qui rendent la
même idée dans les idiomes ariens.

Tous ces résultats sont en harmonie avec les données généralement admises de géographie botanique. D'après de Can-
dolle (G. B. 772), la vigne est spontanée dans toute la région
caucasique autour et au-dessous de la mer Caspienne ; d'autre
part, au témoignage de Quinte-Curce (livre III, ch. IV), la Bac-
triane produisait très-abondamment de superbes raisins. Or
ce sont là justement les deux régions qui peuvent, avec une
très-grande probabilité, être assignées comme point de dé-

---

[1] Le persan *obi* me parait, quoi qu'en dise M. Pictet, être un pur emprunt fait à l'arabe אב, AB ; en chaldéen, frui'.

[2] Gesenius, *loc. cit.*, 223.

[3] Notre français raisin vient de *racemus*, par l'intermédiaire de *racenius*,
qui est indiqué par Ducange.

[4] Gesenius, *loc cit.*, 481

part et centres originaires au groupe sémite et à la famille
arienne[1].

L'étude de la terminologie comparée de la vigne dans les
deux groupes nous conduit donc, de la façon la plus évidente,
à constater l'emploi de deux lexiques distincts et ne présentant aucune analogie de forme. Il n'en aurait pas été évidem-
ment ainsi si une des deux races avait seule, à l'origine, pos-
sédé et cultivé la vigne, et si l'autre lui en avait directement
emprunté l'usage. Il faut donc conclure qu'à partir d'une très-
haute antiquité la vigne et le raisin ont été connus et nommés
séparément dans le centre arya et dans le groupe sémite.

IV

La question soulevée par la terminologie du vin doit rece-
voir, pensons-nous, une solution bien différente.

Il n'est pas douteux, d'abord, que les Ariens et les Sémites
n'aient connu de très-bonne heure les boissons fermentées.
Leur usage et leur abus a laissé, des deux côtés, des traces
variées dans le langage. Mais il y a, pour ce qui concerne le
vin, une grande ligne de démarcation à poser entre les deux
familles. Les recherches que nous allons exposer tendent uni-
quement à le démontrer.

Nos ancêtres les Aryas primitifs du Hindou-Kouch connais-
saient l'ivresse, et pour eux la chaleur, l'ardeur que commu-
niquent à la vie et à la pensée les boissons alcooliques étaient
accompagnées d'une expansive et vive gaîté. Le sanscrit védique *matta*, s'enivrer, a été formé avec la racine MAD, se ré-
jouir, être doux, *lætari*. Il représente un des vieux radicaux
chers à notre race indo-européenne ; on le retrouve à peu
près partout, le long des dispersions et des transformations de
la langue primitive : persan, *mast;* grec, ματτάβος = μῶρὸς;

[1] Voyez surtout : Renan, *Histoire générale*, t. 1ᵉʳ, ch. ii, § 1 et 3;
livre v, ch. ii. § v; — et Pictet, *loc. cit.*, tome 1, conclusions générales et
passim.

latin, *mattus;* kymrique, *meddw,* et les mots sanscrits de formation plus récente, *madà, madua, madunà,* etc.

La racine MAD ou MUD a fourni, dans les diverses langues
anciennes, un grand nombre de noms aux boissons enivrantes ;
mais il est fort remarquable qu'à l'origine, loin de s'être spé-
cialisée à la désignation du vin, elle a été appliquée à d'autres
liquides. Le sanscrit primitif *madhù,* doux, par exemple, a
signifié à l'origine lait ou miel, puis deux liqueurs distillées
des fleurs de certaines plantes[1], et enfin le vin, mais à une
époque plus récente. Chez les Ossètes, les Russes, les Lithua-
niens, les Polonais, la racine est restée avec son application
aux boissons fermentées, mais elle a désigné l'hydromel.
Pour le rameau germanique, elle a gardé la signification de
miel.

Il y a là une indication assez nette d'un fait capital : la terminologie du vin dans les langues ariennes est relativement
récente. Les plus anciens mots tirés des racines primitives se
rattachent à l'ivresse et à l'ordre d'idées qu'entraînent avec
elles les boissons enivrantes, mais ils ne se sont pas rapportés
directement et primitivement au vin : il semble donc qu'il ne
devait pas encore être connu. Le vin est, en effet, la liqueur
joyeuse et hilarante par excellence ; s'il avait été en usage,
la terminologie arienne comparée nous présenterait un tout
autre spectacle : si, par exemple, les peuples du rameau germanique avaient connu le vin avant leur séparation du centre
commun, ils n'auraient pas appliqué au miel la racine MAD
et les premiers vocables qu'elle avait déjà enfantés[2].

Ce qui n'est pas moins curieux et ce qui confirme d'ailleurs
ce premier résultat, c'est que cette même racine MUD pa-

---

[1] L'*Asclepias acida* et le *Bassia latifolia.*

[2] On a rapproché le grec χάλις, vin, du sanscrit *hala,* liquide, et de son
dérivé *hàlàhali,* qui s'applique spécialement au vin ; mais *hàlàhali* est évi-
demment d'une formation non primitive. L'origine commune paraît se
rapporter à un des caractères de l'ivresse ; χάλις signifie proprement in-
sensé, fou.

rait, sous une forme spéciale, s'être appliquée universellement aux liquides sucrés, tels que le moût : latin, *mustum;* vieux gothique, *most;* scandinave et saxon, *must;* russe, *mstô;* polonais, *moszez;* albanais, *musht;* persan, *mustâr.* Signe fort caractéristique, jamais les appellations de ce genre n'ont passé au vin. Il semblerait que les Aryas primitifs ont usé du suc de raisin à l'état de moût sucré, sans être parvenus en même temps à la fabrication du vin proprement dit.

Chez les Sémites, nous nous trouvons en présence de noms primitifs et radicaux du vin d'une signification bien tranchée.

Ce sont surtout :

המר, EMeR : la racine a la signification de fermenter, bouillonner, *œstus, tumultus, fermentatio*[1];

et : יין, IIN, ou mieux IN[2], dont Gesenius dit formellement : *vinum fortasse ab œstuando et effervescendo dictum, nisi pro primitivo id habere mavis.* La racine, si elle n'est pas irréductible et primitive, offre donc le même sens : fermenter, bouillonner tumultueusement[3].

Nous nous trouvons ici en présence d'un élément tout nouveau. Le nom du vin sort de la racine et de l'idée de la fermentation; il est accompagné et reste inséparable, pour ainsi dire, du procédé de fabrication. Les noms ariens qui se rapportent aux boissons fermentées primitives de la race ne nous présentaient rien de pareil.

Mais ce qu'il faut surtout considérer, c'est le fait capital qui domine la question entière. L'hébraïque IN est devenu, dès une haute antiquité historique, le nom général et universel, pour ainsi dire, du vin.

Il est identique avec le οἶνος hellénique (prononcez *in-os*);

[1] Gesenius, p. 209.

[2] Gesenius, p. 253.

[3] Il convient de signaler dans les langues hébraïco-araméennes deux autres appellations pour le vin, moins générales d'ailleurs :
סבא, SaBa; la racine a la signification de boire, avaler (Gesenius, 428);
et : דם DaM, rouge (Gesenius, 146).

οἶνος, lui-même, est le même mot que *vinum* (*v* représente l'aspiration de l'esprit doux). — Pour les langues sémitiques, la forme éthiopienne est *aï* ou *aïn;* la forme arabe, *wayn,* etc. — L'arménien a *gini;* le géorgien, *gwino* et *gwini;* le kymrique, *gwin* (probablement emprunté au latin).

On pourrait faire la même observation sur le slave *wino,* le gothique *vein,* l'ancien allemand *win,* le lithuanien *mynas,* le vieil irlandais *fine* et *fion.*

Il est en tout cas hors de doute que les peuples de la race arienne placés dans les pays où la culture de la vigne et la fabrication du vin ont pris une sérieuse extension, tels que les Grecs et les Latins, ont emprunté leur nom du vin aux Sémites.

Ce fait, d'une importance décisive, n'a rencontré qu'un adversaire redoutable. M. Kuhn a essayé de rattacher οἶνος et *vinum* au sanscrit védique *vèna*[1] : racine VEN, aimer, désirer, agréable. Il est vrai que, dans les hymnes védiques, le mot *vèna* s'applique à la liqueur sacrée, composée d'un mélange de lait et de suc de l'*asclepias acida;* mais ce nom, comme tous les vocables primitifs des liqueurs enivrantes que nous avons cités précédemment, n'a pu être donné au vin qu'à une époque postérieure. C'est en tout cas une tentative désespérée, malgré toutes les ingénieuses ressources dont dispose le savant allemand, que de tirer le *in-os* grec et le *vinum* latin du *vènà* sanscrit. Pour combattre M. Kuhn à cet égard, nous ne ferons appel qu'à M. Kuhn lui-même.

La linguistique et la mythologie comparées doivent au savant philologue un magnifique travail sur le breuvage divin d'immortalité qui a été l'objet d'un culte sacré chez les Aryas primitifs, culte dont les traits caractéristiques se retrouvent non-seulement chez les Indiens brahmaniques et chez les Iraniens, mais aussi chez les Grecs. — Or, à l'époque où les Grecs, les Ioniens, les *Yavanâs,* ont quitté le centre originaire d'habitation des Ariens, la race primitive était déjà en posses-

[1] Kuhn. *Zeitschr. f. very..* spc k, 1, 191, et Pictet, *loc. cit.*, t. I, p. 254.

sion de la terminologie relative à la liqueur sacrée[1] : somâ,
amrita et très-subsidiairement venâ, désignaient ce mélange
de lait et de suc de l'asclépias. En sanscrit, amrita a pris les
significations diverses de riz bouilli, de beurre liquide, etc.;
mais on ne l'a jamais appliqué primitivement, pas plus que
venâ, au jus de la vigne. Il est donc plus que probable que les
Grecs ont reçu à la fois le vin et le nom qu'ils lui ont donné
des populations sémitiques qu'ils ont pénétrées et traversées
durant une lente émigration, avant d'arriver et de s'établir
le long des plages de la mer Égée[2].

Il nous est donc parfaitement permis de constater :

1° Que dans la terminologie arienne, vraiment primitive, il
n'est pas formellement et sûrement question du vin, bien qu'il y
ait une indication assez forte de la connaissance et de l'usage
du moût ou, tout au moins, de liqueurs sucrées analogues. Les
noms donnés plus tard au vin n'ont d'ailleurs aucun rapport
avec la fermentation, le procédé de fabrication.

2° Les noms principaux du vin, dans les langues sémitiques,
sont au contraire dérivés du procédé de fabrication.

3° Le nom primitif et universel, pour ainsi dire, du vin, l'IN
hébraïco-sémitique, a passé dès l'origine aux Grecs, aux Latins,
à tous les peuples que nous trouvons, aux époques historiques,
en possession de la culture de la vigne et de l'usage du vin.

4° Les anciens Aryas ont connu une liqueur sacrée, somâ,
amrita ou vena. Les Grecs n'ont quitté le centre commun
d'habitation que postérieurement à son usage et à son culte.
Ils n'ont pas appliqué ses noms au vin ; ces vocables n'ont
laissé qu'une trace dans leur langage, et elle se rapporte ex-
clusivement au mythe de l'ambroisie.

Pour ajouter un nouvel argument à la conclusion qui res-

---

[1] Kuhn, *Die herabkunft des Feuers und des Gottertranks.*—Berlin, 1859,
p. 118, 175, etc. Le somâ était appelé *amrita* ou im-mortalité. L'ἀμβροσία
hellénique correspond très-exactement à *amrita.* — Pictet, II. 322.

[2] Ἄμπελος même serait aussi d'origine sémitique. — Oppert, *Discours
d'ouverture* du 28 décembre 1865. — L'Aryanisme, p. 17.

sort de ces propositions, il ne nous reste plus qu'à consulter
certains témoignages historiques, présentant un caractère
essentiellement primitif.

Tandis que, dans les Vedas, le vin joue un rôle des plus
effacés, si toutefois il en garde un, alors que dans les hymnes
du Rig-Veda on n'indique que la céleste liqueur *sôma*, *hôm*
des Mazdéens, qui, nous l'avons dit, était un mélange de lait
de vache et de suc d'herbe, les Sémites honoraient déjà le jus
de la vigne, et lui avaient attribué une fonction et un caractère religieux.

Le fait est certain, quelles que soient d'ailleurs les théories
adoptées sur l'exégèse et l'authenticité du premier des livres
mosaïques.

Pour ceux qui pensent que les dix premiers chapitres de la
Genèse représentent l'œuvre antique et primordiale par excellence, caractérisée par une idée de Dieu purement *élohiste*[1],
les versets 20 et 21 du chapitre IX contiendront la plus écla-
tante confirmation de l'invention du vin par la race sémitique :

Après le déluge (verset 20), « Noé s'attacha à la culture,
il commença à labourer, à remuer la terre, et il planta la
vigne.»

21 « Et, ayant bu du VIN, il s'enivra et parut nu dans sa
tente. »

Pour ceux qui considèrent le récit de la vie du haut père
Abraham comme bien plus sûrement historique et primitif, ils
trouvent l'adorateur de Jéhovah en relation avec le roi de la
Justice de Salem, Melchisédech (Melek-Sadok), qui « offre le
pain et le VIN, comme prêtre du Dieu très-haut. » (Genèse,
XIV, 18.)

---

(1) On sait qu'au point de vue de l'exégèse scientifique, telle que l'a
faite la critique moderne, il faut reconnaître dans la Genèse deux éléments distincts. — Dans les premiers chapitres, l'idée de Dieu est exprimée par un pluriel, ELOHIM, dont la signification assez vague pourrait
être rendue par *les forces supérieures*. A partir d'Abraham apparaît la
notion bien différente de l'ÉTERNEL, *celui qui est et sera*, IÉWÉ ou
Jehovah; c'est là une vraie et capitale révolution religieuse.

V.

Les conclusions qu'il est permis de tirer de ces très-imparfaites recherches — sous le bénéfice des réserves imposées par une matière aussi difficile et aussi délicate — apparaissent clairement.

La vigne a été certainement connue et nommée séparément, dans les deux centres de formation du langage, chez les Sémites et chez les Ariens. Bien que les procédés de la formation de ses noms à l'aide des racines primordiales présentent une analogie purement logique, les deux races ne se sont fait à cet égard, à l'origine, aucune sorte d'emprunt formel et terminologique.

L'usage du vin ne paraît pas remonter chez les Aryas à une époque très-ancienne ; des boissons fermentées d'une autre nature et d'un emploi très-répandu l'ont sans nul doute précédé. — Chez les Sémites, au contraire, les noms du vin apparaissent dès l'origine et sortent de la racine qui exprime le procédé de fabrication. — Le nom capital du vin dans cette dernière race est passé, dès une très-haute antiquité, aux peuples ariens, chez qui la culture de la vigne a pris une haute importance, tels que les Grecs, les Latins, etc. Ce mot a été d'ailleurs universellement adopté sous diverses formes, et reste encore le nom propre du vin dans notre civilisation occidentale. — Tout nous porte donc à croire que ce sont les Sémites qui ont communiqué la connaissance et la fabrication du vin à leurs voisins d'origine arienne. — L'étude comparée des Védas et des premiers chapitres de la Genèse confirme ces données convergentes, et leur donne une probabilité très-voisine de la certitude.

Montpellier, imprimerie Gras.

www.ingramcontent.com/pod-product-compliance
Lightning Source LLC
Chambersburg PA
CBHW070429080426
42450CB00030B/2390